REVUE
ARCHÉOLOGIQUE

PUBLIÉE SOUS LA DIRECTION

DE MM.

ALEX BERTRAND ET G. PERROT

MEMBRES DE L'INSTITUT

L. LINDET

—

LES REPRÉSENTATIONS ALLÉGORIQUES
DU MOULIN ET DU PRESSOIR
DANS L'ART CHRÉTIEN

PARIS

ERNEST LEROUX, ÉDITEUR

28, RUE BONAPARTE, 28

—

1900

N. B. — Tout ce qui est relatif à la rédaction doit être adressé à M. Alexandre Bertrand, de l'Institut, au Musée de Saint-Germain-en-Laye (Seine-et-Oise), ou à M. G. Perrot, de l'Institut, rue d'Ulm, 45, à Paris.

Les livres dont on désire qu'il soit rendu compte devront être déposés au bureau de la *Revue*, 28, rue Bonaparte, à Paris, ou au Musée de Saint-Germain-en-Laye.

L'Administration et le Bureau de la *REVUE ARCHÉOLOGIQUE* sont à la Librairie Ernest Leroux, 28, rue Bonaparte, Paris.

CONDITIONS DE L'ABONNEMENT

La *Revue Archéologique* paraît par fascicules mensuels de 64 à 80 pages grand in-8, qui forment à la fin de l'année deux volumes ornés de 24 planches et de nombreuses gravures intercalées dans le texte.

PRIX :

Pour Paris. Un an	30 fr.	Pour les départements. Un an	32 fr.
Un numéro mensuel	3 fr.	Pour l'Etranger. Un an	33 fr.

On s'abonne également chez tous les libraires des Départements et de l'Etranger.

[1900, I, p. 403-413]

LES

REPRÉSENTATIONS ALLÉGORIQUES

DU MOULIN ET DU PRESSOIR

DANS L'ART CHRÉTIEN

(PL. VI, VII, VII *bis*)

Au cours des études que j'ai faites sur les *Origines du moulin à grains*, et dont les résultats ont été publiés dans cette *Revue*[1], mon attention a été appelée sur la façon très inattendue dont les artistes religieux du Moyen-Age et de la Renaissance ont symbolisé le moulin et le pressoir; le moulin, destiné à produire de la farine, nourriture du corps, se trouvait, dans leur imagination, appelé à fournir aux fidèles l'hostie, c'est-à-dire la nourriture de l'âme. L'idée symbolique de l'Eucharistie devait être complétée par l'allégorie du pressoir; de même que le moulin donnait le *corps*, le pressoir laissait écouler le *sang* de Jésus-Christ. C'est en lisant un mémoire publié par M. de Lasteyrie en 1878[2], et en examinant à Nuremberg un vitrail de l'église Saint-Laurent que je me suis attaché à étudier et à relever ces représentations allégoriques du moulin et du pressoir. Sur les conseils de M. Salomon Reinach, j'ai entrepris de publier les documents que j'ai rencontrés. Mais comme je ne me faisais aucune illusion sur ma compétence en pareille matière, j'ai été réclamer quelque appui auprès de M. Mâle, professeur au lycée Louis-le-Grand, qui a

---

1. *Revue archéol.*, 1899, II, p. 413; 1900, I, p. 17 et suiv.
2. F. de Lasteyrie, *Notice sur quelques représentations allégoriques de l'Eucharistie*, in *Mém. de la Soc. des Antiquaires de France*, 1878 (t. XXXIX, p. 82).

spécialement étudié le symbolisme au Moyen-Age, et de M. l'abbé Bouquet, professeur honoraire à la Faculté de Théologie de Paris. Je me fais un plaisir de remercier ces deux savants du bon accueil qu'ils m'ont fait.

Dans son ouvrage sur l'*Art religieux au* XIIIe *siècle en France*, M. Mâle a fait connaître la pensée qui a guidé les artistes du Moyen-Age, quand ils ont représenté le moulin[1].

Suger avait, de 1140 à 1144, entrepris de réparer l'église de Saint-Denis, et il y avait fait placer un vitrail, qui a été malheureusement détruit, et qui représentait les Prophètes versant du blé dans un moulin, pendant que saint Paul tournait la meule et rassemblait la farine; au-dessous de ce moulin on lisait les vers :

Tollis, agendo molam, de furfure, Paule, farinam ;
Mosaicæ legis intima nota facis ;
Fit de granis verus sine furfure panis,
Perpetuusque cibus noster et angelicus.

De cette inscription, il convient de rapprocher un autre texte plus explicite encore, que M. Mâle a relevé sur la façade de l'église Saint-Trophime à Arles; saint Paul y tient une banderole sur laquelle sont inscrits ces deux vers :

Lex Moïsi celat quæ sermo Pauli revelat,
Nam data grana Sinaï per eum sunt facta farina.

Il ne peut y avoir de doute; dans la pensée des auteurs de ces vers, l'Ancien Testament se réalise, se résout dans le nouveau, comme le blé se résout en farine, par son passage dans le moulin, et cette transformation le purifie puisqu'elle le débarrasse du *son*. Or, saint Paul a montré que tout ce qui se trouvait dans l'Ancien Testament était un symbole de ce qui devait se produire: *Hæc autem omnia in figura contingebant illis*[2]. Il a, le premier,

---

1. M. Mâle, *L'art religieux au* XIIIe *siècle*, p. 228.
2. Saint Paul, *Ép. aux Corinthiens*, I, x, 11.

expliqué la loi de Moïse : *Lex Moïsi celat quæ sermo Pauli revelat;
Mosaïcæ legis intima nota facis.* Aussi est-ce saint Paul qui
tourne le moulin et qui sépare le son de la farine (*Tollis, agendo
molam, de furfure, Paule, farinam*). Les grains donnés au Sinaï
(*data grana Sinaï*), qui se sont transformés par son intermédiaire
en farine (*per eum sunt facta farina*), ne sont autres que la Loi
de Moïse dont saint Paul a dégagé la signification réelle.

Il m'a semblé intéressant de rechercher l'idée qui avait guidé
ces artistes dans l'adoption du moulin, comme instrument capa-
ble de résoudre l'Ancien Testament dans le Nouveau. On peut
supposer qu'ils se sont inspirés de ce verset de saint Luc :
*L'homme ne se nourrit pas seulement de pain, mais aussi de toute
parole de Dieu* (Saint Luc, IV, 4). Le Nouveau Testament d'où
émane la parole de Dieu sort du moulin, comme la farine qui
donne le pain.

Mais le symbole, si l'on consulte les vers de Suger, n'est pas
seulement *évangélique,* il est aussi *eucharistique.* Car le pain
sans mélange de son dont il parle est l'Eucharistie, *perpetuusque
cibus noster et angelicus.*

Au XVe et au XVI° siècles, à en juger par les vitraux que nous
publions avec cet article, le moulin est devenu exclusivement *eucharistique.*

Sans doute, les Évangélistes y président encore à la mouture,
mais on ne peut y trouver d'allégorie relative à la réalisation de
l'Ancien Testament par le Nouveau.

Il semble même que, cherchant à rapprocher dans l'esprit des
fidèles la préparation du pain alimentaire et celle du pain eucharistique, ils aient adopté l'instrument commun, le moulin,
et idéalisé ainsi la fabrication matérielle de l'hostie.

Le vitrail de la cathédrale de Berne a été étudié en détail par
F. de Lasteyrie[1] et je n'y reviendrais pas si je ne me trouvais à
même d'en publier la photographie (pl. VII).

Ce vitrail semble être de la fin du XVe ou du commencement du

---

1. Lasteyrie, *op. laud.*

xviᵉ siècle. Il est attribué à Frédéric Waller. Il représente un moulin, muni d'une large trémie dans laquelle sont établis les quatre Évangélistes, l'Ange (S. Matthieu), le Lion (S. Marc), le Bœuf (S. Luc), et l'Aigle (S. Jean).

Le moulin est mis en mouvement par une roue sur laquelle tombe de l'eau. C'est saint Pierre lui-même que l'on aperçoit, à droite de l'Aigle, coiffé de sa tiare à trois rangs, qui, en ouvrant une vanne, commande le mouvement de la roue. Si l'on remonte plus haut dans le vitrail, on aperçoit un jardin qui, d'après Lasteyrie, représente les temps antérieurs à la venue du Christ, peut-être, ajouterais-je, le Paradis terrestre.

Ce jardin est traversé par la rivière qui alimente le moulin ; un enfant, porteur d'un vase, et un animal bovin viennent y boire.

F. de Lasteyrie nous dit que l'un des personnages placés à la partie supérieure du vitrail est Moïse, qui fait jaillir l'eau du rocher. Mais ni l'un ni l'autre ne porte l'auréole lumineuse en forme de cornes, qui est, d'ordinaire, l'attribut de Moïse. Le personnage de gauche frappe bien le sol d'une hache, mais la rivière est figurée déjà, sur la partie droite du vitrail, bien avant l'endroit où il frappe. D'ailleurs, c'est avec un bâton que Moïse a fait, d'après la tradition, jaillir l'eau du rocher.

Le moulin est entouré de ce qu'on nomme aujourd'hui l'*archure* et de cette archure sortent des hosties. *Hoc est corpus meum, et Verbum caro factum est*, disent les banderoles que tiennent l'Ange et l'Aigle; c'est le pain de l'âme (*Ego sum panis vivus qui de cælo descendi*), dit la banderole que porte l'Enfant Jésus.

Les hosties sont recueillies dans un ciboire par un Pape (S. Grégoire le Grand) et par un Cardinal (S. Jérôme) et distribuées en communion aux fidèles par deux Évêques (S. Augustin et S. Ambroise); ces quatre Docteurs de l'Église se voient, d'après M. Mâle, dans un grand nombre d'œuvres religieuses. On les retrouve d'ailleurs dans le vitrail de Saint-Étienne-du-Mont, dont il sera parlé plus bas.

A droite et à gauche du moulin sont représentés la Vierge Marie et l'ange Gabriel qui la salue d'un *Ave, Maria, gratia plena*.

La grosse difficulté que l'on rencontre dans l'interprétation de cette scène est d'expliquer la présence des Évangélistes dans la trémie du moulin. Quand on considère qu'un fidèle, placé à gauche, dans la partie basse, communie sous l'espèce du vin, et que dans l'ornementation du haut du vitrail figurent des grappes de raisin, on se demande si les Évangélistes ne foulent pas les fruits de la vigne dans la trémie, et si du moulin ne sortent pas à la fois le pain et le vin, le Corps et le Sang de Jésus-Christ.

Peut-être même le vin eucharistique est-il fourni aux fidèles par la rivière qui traverse le Paradis terrestre; car saint Jean-Chrysostome a comparé celui-ci à l'autel, et le fleuve qui en sort au sang de Jésus-Christ[1].

Mais si l'on voit s'échapper du moulin les hosties, on ne voit nulle part le vin couler. Aussi est-il plus simple de supposer que les Évangélistes président simplement à la préparation du pain eucharistique. Leur présence dans les vitraux de cette époque où figure le mystère de l'Eucharistie est d'ailleurs générale.

Il est intéressant de remarquer que les fidèles y communient sous les deux espèces, alors que l'Église, plusieurs siècles auparavant, avait aboli cet usage. Jacobel, curé de Prague, avait été condamné en 1416, par le concile de Constance, pour avoir voulu soutenir la doctrine qui affirmait que la communion sous les deux espèces seule était efficace.

Le vitrail de la Lorenzkirche, à Nuremberg, s'écarte encore de la tradition du Moyen-Age. Le moulin muni de sa *trémie*, de son *anille* et de son *archure* est analogue au précédent (pl. VI).

Là encore, ce sont les Évangélistes, l'Aigle, le Bœuf, le Lion et l'Ange qui président à la mouture. On est un peu surpris de voir les Évangélistes alimenter le moulin, en y versant des hosties, tandis que celles-ci ressortent à la partie inférieure. On pourrait supposer que les hosties entrent non consacrées et sor-

1. L'abbé Corblet, *Hist. du sacrement de l'Eucharistie*, 1885, t. I, p. 6.

tent consacrées, et que l'artiste a fait, entre ces deux sortes d'hosties, la même différence qu'entre le blé, qui ne saurait être consommé en nature, et la farine qui forme la base de notre alimentation.

Mais l'acte de la consécration est, au point de vue religieux, si surnaturel que l'on ne peut admettre qu'un artiste l'ait traité d'une façon aussi légère; les hosties recueillies par les Docteurs de l'Église ne sont consacrées qu'entre leurs mains au moment où ils les donnent aux fidèles.

L'abbé Corblet[1] a indiqué le cérémonial qui présidait au Moyen-Age, dans les monastères, à la préparation des hosties : les moines se revêtaient d'aubes blanches et l'on voit précisément les quatre Évangélistes du vitrail de la Lorenzkirche habillés de cette façon; ils portent en outre l'*amict* formant une sorte de capuchon monastique, pareil à celui dont sont encore revêtus certains religieux, quand ils célèbrent à l'autel. C'est donc bien là, plus encore que dans le vitrail de Berne, la représentation idéale de la préparation des hosties.

F. de Lasteyrie, dans le mémoire indiqué plus haut, cite d'autres œuvres artistiques où le moulin eucharistique est figuré: une sculpture sur bois dans l'église de Tribsee en Poméranie et un tableau d'autel de l'église cistercienne de Doberau, en Mecklembourg.

L'abbé Corblet[2] cite de son côté un tableau de l'église de Worms, qui représente la Vierge à genoux, tenant l'Enfant Jésus par les pieds et le mettant la tête la première dans la trémie d'un moulin que les douze Apôtres font tourner. Le pape reçoit dans une coupe d'or les hosties qui sortent du moulin.

Les représentations allégoriques du pressoir, où le vin foulé du raisin et le sang coulant des plaies de Jésus-Christ se confondent dans une même idée religieuse, sont mieux connues. Elles ne symbolisent pas la réalisation de l'Ancien Testament dans le Nou-

1. Corblet, *op. laud.*, t. I, p. 177.
2. Corblet, *op. laud.*, t. II, p. 520.

veau. Elles s'adressent directement au mystère de l'Eucharistie. Ce sont des *pressoirs eucharistiques,* donnant le vin, comme le *moulin eucharistique* donne le pain.

Un vitrail de l'église de Conches[1] qui aurait été, d'après l'abbé Corblet, dessiné en 1520 par Aldegrever, nous présente le Christ debout sur la *maie* d'un pressoir, entre les montants qui supportent la vis. Il y foule de ses pieds des grappes de raisin et montre de la main gauche le vin qui s'écoule dans un cuvier. Le sujet est plus réaliste que mystique et l'artiste a eu soin de nous rappeler de quelle parole il s'était inspiré; car à la partie supérieure du vitrail se trouve une banderole, portant le verset d'Isaïe : *Torcular calcavi solus et de gentibus non est vir mecum* (Is., LXIII, 3).

Dans l'église de Saint-André-des-Arcs, aujourd'hui détruite, figurait également un vitrail où était représentée l'allégorie du pressoir, avec cette légende : *Quare rubrum est indumentum tuum? Torcular calcavi solus*[2].

Jusqu'ici, dans la représentation du pressoir, il n'y a rien de symbolique. Mais les artistes avaient, pour s'inspirer également, l'interprétation que l'on avait donnée au Moyen-Age de la grappe rapportée du pays de Chanaan. *La Glose ordinaire*[3] dit que cette grappe est Jésus-Christ et que la perche qui la supporte est la croix. Le pressurage de cette grappe va donc donner le Divin Sang. Ailleurs encore, Jésus-Christ a été comparé à une grappe : « Mon bien-aimé est pour moi comme une grappe de raisin de Chypre » (*Cant.*, I, 13). Enfin saint Augustin a exprimé la même idée en une phrase rapportée par F. de Lasteyrie : *Primus botrus in torculari pressus est Christus*[4].

Des compositions artistiques et tant soit peu naïves, où Jésus-Christ est pressé comme une grappe de raisin, existent dans l'art chrétien.

Grésy qui, le premier, je pense, a appelé l'attention des artistes

1. *Bulletin monumental*, 1888, p. 278 (planche).
2. L'abbé Bouillet, *Notes d'art et d'archéologie*, 1890, p. 53.
3. M. Mâle, *op. laud.*, p. 194.
4. Saint Augustin, *Commentaire du ps. LV.*

sur ces représentations[1], signale dans une Bible historiale, qui ne remonte pas au-delà du xvᵉ siècle, une miniature que nous reproduisons ci-dessous (fig. 1)[2]. Les versets qui accompagnent le pressoir nous apprennent que *les bons crestiens chantent et loent Dieu en saincte Église, du fruit de son précieux corps et du vin de son précieux sang.* Jésus-Christ, à genoux sur le pressoir, est véritablement *pressé*; Dieu le Père l'assiste.

On peut voir dans l'église de Baralle[3] (Pas-de-Calais) un tableau qui représente le Christ debout, sur le pressoir, portant sa croix sur ses épaules; à l'extrémité de la grande branche de cette croix est montée verticalement une vis que le Père Éternel, apparaissant dans une nuée, fait mouvoir (pl. VII *bis*). Le Christ plie sous la pression de la croix et de ses pieds, de ses mains, de son flanc, sortent des jets de sang. Un ange apporte deux grappes de raisin au pressoir, dont le jus va se mêler au sang du Christ, et le liquide qui s'écoule du pressoir est reçu par deux anges dans un calice;

Fig. 1. — Jésus sur le pressoir.
(xvᵉ siècle.)

à droite, la Vierge; à gauche, le portrait de Catherine de La Chapelle, abbesse du monastère d'Oisy, dont on aperçoit dans le fond la silhouette. Ce tableau serait de Jean Bellegambe, d'après le catalogue d'une exposition où il a figuré à Arras. M. Gousseum nous a obligeamment prêté le cliché que nous reproduisons.

C'est encore la même idée qui a guidé l'artiste Linard Gontier (1625), quand il a composé la verrière qui orne la cathédrale de Troyes[4]. Le Christ est couché cette fois, et son corps est

---

1. Grésy, *Bull. Soc. arch. de Seine-et-Marne*, t. IV (1867), p. 333.
2. Bibliothèque Nat., *Fonds français*, nᵒ 166, p. 123 vᵒ.
3. Corblet, *op. laud.*, t. II, p. 517 (planche).
4. Fichot, *Stat. monumentale du département de l'Aube*, t. III, p. 253 (planche).

écrasé par la croix, aux extrémités de laquelle sont disposées deux vis de pression. Le sang coule de son flanc droit et est recueilli également dans un calice d'or. Du flanc droit sort, en même temps, un immense cep de vigne, qui garnit tout le vitrail, et ce cep supporte les douze Évangélistes et la Vierge Marie. L'encadrement du vitrail est formé de grappes de raisin; à droite et à gauche sont les donateurs du vitrail.

Dans un des vitraux de la chapelle des Catéchismes à Saint-Étienne-du-Mont[1], le Christ est encore représenté couché, écrasé par sa croix; aux extrémités des trois plus grandes branches de cette croix sont des vis munies d'écrous de pression. De ses pieds, de ses mains et de son flanc, s'échappe le sang qui est recueilli dans un cuvier. Au premier plan, saint Pierre et les Docteurs de l'Église sont occupés à la vendange proprement dite et introduisent dans les tonneaux le mélange du jus que fournit la grappe et du sang de Jésus. Christ. Des Docteurs et un Roi, probablement Louis XIII (la tête manque), descendent au cellier les tonneaux remplis. Au second plan et en haut du vitrail, on aperçoit le char de la Vendange, conduit par l'Ange,

Fig. 2. — Jésus sur le pressoir (gravure de Gautier.)

et tiré par le Bœuf, le Lion et l'Aigle; on aperçoit encore les Apôtres cueillant le raisin; enfin, les fidèles se rendant à la Table sainte.

Ce vitrail, attribué à Nicolas Pinaigrier, aurait été, d'après Grésy, commandé en 1622 par Jean Le Juge, marchand de vins et marguillier de Saint-Étienne-du-Mont[2]. Il semble être la re-

1. *Itinéraire arch. de Paris*, p. 197; abbé Bouillet, *Les églises paroissiales de Paris : Saint-Étienne-du-Mont* (planche); Lasteyrie, *op. laud.*

2. Grésy, *op. laud.*

production d'un autre vitrail exécuté par son aïeul, Robert Pinaigrier, en 1527, pour l'église Saint-Hilaire de Chartres. Sauval nous dit que le sujet eut de la vogue au xvı⁰ siècle et que les marchauds de vin l'adoptèrent pour leurs chapelles de confrérie¹.

M. l'abbé Marsaux m'a signalé l'existence, dans la salle des Bussolanti au Vatican, d'un tableau où le Christ, couché sous le pressoir, répand son sang. Celui-ci est recueilli dans une vasque, où puisent quatre Docteurs de l'Église.

Il m'a signalé également, au Musée de Naples, un canon d'autel, brodé au petit point, où le cœur de Jésus-Christ est représenté percé de trois clous sous le pressoir ; au-dessus, on lit : *Torcular*, et au-dessous : *Calcavi solus*.

L'église de Recloses², près de Fontainebleau, possède une série de panneaux sculptés au xvıᵉ siècle, parmi lesquels se trouve une très belle composition, inspirée certainement de celle que le vitrail de Saint-Étienne-du-Mont nous présente. Elle a été longtemps attribuée à Jacques Segogne, artiste, dont les descendants habitent encore Recloses ; mais M. Thoison³ a montré que cette attribution est fausse et que Segogne avait été non pas l'auteur, mais le possesseur du retable. Le panneau, qui a 1 mètre de hauteur, est divisé en trois parties. En haut, le char de la Vendange, identique à celui du vitrail de Pinaigrier. Au-dessous, une vigne, au milieu de laquelle s'élève une tour : *Plantavit vineam electam et ædificavit turrim in medio ejus et torcular extruxit in eá* (Is., v, 2 et Matth., xxı, 33). Dans la partie basse, enfin, la table du pressoir, faisant une large saillie en avant du panneau, et sur cette table le Christ couché. Le sang, qui s'écoule à flots de ses mains, de ses pieds et de son flanc, tombe dans un cuvier, à côté duquel sont disposés deux tonneaux. La croix, qui a disparu, devait, sans

---

1. Grésy, *op. laud.*, et Olivier Merson, *Les vitraux*, p. 163-164.
2. Grésy, *loc. cit.*, et l'abbé Marsaux, *Les sculptures de Recloses*, in *Revue de l'art chrétien*, 1890, p. 228 (planche) et *Bull. archéol. du Comité des arts et monuments*, 1842, II, p. 147.
3. Thoison, *Le pseudo-retable de Recloses*. Chez Plon.

aucun doute, être placée sur le corps du Christ, car on relève aisément sur le bord de la table du pressoir trois trous, qui devaient recevoir les vis de pressoin, et ces trous se trouvent précisément à l'endroit même où se dressent, dans le vitrail de Saint-Étienne-du-Mont, les vis qui compriment le corps de Jésus-Christ.

Les graveurs, comme les peintres, les miniaturistes, les peintres verriers, les sculpteurs, adoptèrent le sujet du pressoir mystique.

On connaît trois gravures de Jean Wiérix[1] (mort en 1619) qui représentent le Christ soit sur le pressoir, soit dans le cuvier de la vendange, pressé par la croix dont le Père Éternel manœuvre la vis; le sang coule de ses plaies et est recueilli. Dans l'une on voit les instruments de la Passion; dans l'autre on aperçoit un Saint vendangeant la vigne.

Léon Gautier (1609) a gravé également le même sujet pour servir de frontispice au livre si curieux et si rare de Jean d'Intras, intitulé le *Pressoir mystique de l'âme*[2]. Deux hommes serrent la vis du pressoir où le Christ est écrasé; deux anges tiennent les instruments de la Passion, le marteau et les clous. Nous pouvons, grâce à l'obligeance de M. Courtonne, donner ici la reproduction de cette intéressante gravure (fig. 2).

Les représentations allégoriques du moulin et du pressoir par les artistes de la Renaissance nous apprennent comment ils se sont inspirés des traditions du Moyen-Age pour montrer aux fidèles la genèse à la fois réelle et mystique du sacrement de l'Eucharistie.

1. Alvin, *Catal. raisonné de l'œuvre des trois frères Wiérix*, Bruxelles, 1866, nᵒˢ 1179, 1180, 1181.
2. Bibl. de Rouen, *Coll. Leber*.

Imp. Gamis et Cⁱᵉ, Paris. — Section Orientale A. Burdin, Angers.

Pl. VI

VITRAIL DE LA LORENZKIRCHE

A NUREMBERG

Phototypie Berthaud. Paris.

Pl. VII

VITRAIL DE LA CATHÉDRALE DE BERNE

Imp. Berthaud

TABLEAU DE L'ÉGLISE DE BARALLE

(Pas-de-Calais)

www.ingramcontent.com/pod-product-compliance
Lightning Source LLC
Chambersburg PA
CBHW061812040426
42447CB00011B/2610